LA LUNA EN ARIES

© Gloria Atienza Anguita
© Prólogo: Félix Molina Colomer
© Imagen de portada: *La luna en Aries*
  de Inés Rodríguez Atienza
© de esta edición: Olé Libros, 2026

Director de la colección: Vicente Barberá Albalat

ISBN: 979-13-87951-43-6
Depósito legal: V-58-2026
Impreso en España

KALOSINI, S. L.
Grupo editorial olélibros
equipo@olelibros.com
www.olelibros.com

LA LUNA EN ARIES

Gloria Atienza Anguita

COLECCIÓN NIGREDO

GLORIA ATIENZA ANGUITA

Nació en Barcelona, pero desde los cuatro años ha vivido en Gandía, tierra a la que se siente profundamente unida por su luz, su gente y el mar al que tanto ama. Estudió un bachillerato de letras y posteriormente un ciclo de Administración y Finanzas, ámbito en el que ha desarrollado su carrera profesional. Lectora incansable y amante del arte en todas sus formas, la escritura ha estado siempre presente en su vida, aunque de manera intermitente. Su encuentro con Paco (Romero de Buñol), la animó a participar en tertulias poéticas, primero como rapsoda y más tarde con versos propios. Fue entonces cuando descubrió el soneto, forma que la cautivó desde el primer instante. Escribir poesía ha supuesto para ella abrir una puerta interior que revela una sensibilidad que había permanecido en silencio y que hoy sigue creciendo con cada palabra.

A mis padres, por ser la fuerza gravitacional
que me dio origen en este universo.

A mi hermano,
por la órbita constante de su apoyo sin condiciones.

A mis hijos,
mis brillantes estrellas y constelaciones de mi vida.

A mi marido, mi Alpha Polaris,
el faro que guía mi Luna en Aries.

AGRADECIMIENTOS

Cada persona que ha pasado por mi vida ha dejado una huella. Ninguna fue igual a otra: unas brillaron con la intensidad de los meteoros que arden y se extinguen en un instante, otras se encendieron despacio y son fuegos que permanecen en la memoria mucho después de haberse apagado, algunas se alzaron como faros en medio de la oscuridad y hubo también quienes apenas me rozaron y, aun así, dejaron una marca que persiste.

La luna, sensible y cambiante, fue siempre testigo de esos encuentros y despedidas. Bajo su luz ardieron amores que después fueron ceniza. Bajo su claridad temblaron los primeros pasos del deseo, y también ella acompañó en silencio los instantes de plenitud y de pérdida. La luna me enseñó que toda emoción guarda su ritmo, que cada vínculo se escribe en un ciclo, que nada permanece inmóvil.

Este libro recoge ese mapa íntimo: un recorrido por órbitas diversas. En él, la tierra quemada de los amores pasados convive con las aguas que sostienen el presente, el fuego autobiográfico se alza como fuerza vital y las constelaciones se despliegan en un espacio poblado de presencias. La luna errante aparece como símbolo de la búsqueda, los tránsitos como los caminos de transformación y los solsticios y equinoccios como el pulso mayor que ordena la existencia.

He querido que cada capítulo conserve la huella de esos astros humanos que alguna vez iluminaron mi vida, por-

7

que, al final, todos somos fragmentos de las mismas estrellas: luces que se cruzan, que se pierden, que regresan o persisten, mientras la luna, siempre cambiante, guarda memoria de lo que fuimos y es testigo de lo que seguimos siendo.

Todo lo vivido se alza aquí como un universo que respira.

Se dice que las tres cosas que se deben hacer en la vida son plantar un árbol, tener un hijo y escribir un libro. Aún no he plantado el árbol, pero he tenido tres hijos y, por una serie de circunstancias, aquello que jamás pensé que haría, un libro, lo he hecho.

Y nada hubiera sido posible sin quienes confiaron en mí, me tendieron su mano y caminaron a mi lado en este proceso. Mi más profundo agradecimiento a mi querido «tutor» y amigo Félix Molina, por sus enseñanzas, por su paciencia infinita y tantas tardes de revisión y trabajo —por supuesto, con unas cervezas y no pocas risas—; y a Vicente Barberá, por brindarme la oportunidad de que estos poemas encuentren su lugar en esta colección. Gracias a la editorial, Olé Libros, por abrirme sus puertas.

Agradecer a mi marido, Paco Romero, el introducirme en este mundo de la escritura y la poesía, y ayudarme, desde el primer momento, a que crezcan mis alas sin restricciones.

Agradecida a mis hijos y a mi familia, que siempre están conmigo en todo lo que emprendo.

A todos los que me han apoyado de forma incondicional y han creído en mí.

Gloria Atienza Anguita

PRÓLOGO

El poemario que tienes en tus manos, lector, y al que me cabe el privilegio de prologar, representa una sorpresa en el panorama editorial: un centenar largo de sonetos de variada estructura sirve de molde a una florecida gavilla de vivencias, pensamientos e inspiraciones diversas de su autora. Tamaño atrevimiento, si bien no carece de algún tímido precedente, resultaría aventurado en plumas menos lúcidas que la de Gloria Atienza. Digo esto porque la naturalidad de su estilo y la soltura con la que se desenvuelve en esta difícil categoría estrófica son de admirar; y extender esa habilidad, sin menoscabo de la calidad poética, a una centena de piezas se encuentra al alcance de pocos autores.

El soneto es una estructura con requerimientos muy restrictivos en cuanto a fondo, forma y exposición del mensaje, aún los llamados «sonetos blancos» (carentes de rima); probablemente, esa sea la razón por la que en los últimos decenios ha ido cayendo en desuso entre las nuevas hornadas de poetas, más dadas al libre fluir del pensamiento poético. Sin embargo, Atienza se maneja con versatilidad y desenvoltura en la que podría decirse su estrofa más querida. Su dominio de la restricción formal, sin perjuicio del mensaje que transmite, hace aún más meritorio el trabajo de esta poeta: no nos encontramos con acartonamientos barrocos ni hermetismos posmodernos, sino ante poemas frescos de una vitalidad y belleza poco comunes.

Hechas estas consideraciones, te invito, lector, a entrar bajo la influencia de *La luna en Aries* sin prejuicio alguno. Es poesía actual y viva, en horma clásica, y no rehúye ningún tema, como veremos al ir desgranando los sucesivos apartados.

La poeta quiere reunir sus sonetos bajo este título de resonancias astronómico-astrológicas con la fingida convicción de que el azar es puro mito, de que las cosas todas —las más comunes y las más insólitas— ocurren bajo un magnetismo estelar que escapa a nuestro entendimiento, pero que, no obstante, sigue reglas que las gobiernan. El título es acertado en su impostura, como debe ser todo buen título. Se sigue de apartados cuyas piezas se agrupan por su relación título/significante, encabezados por atinadas citas de grandes figuras de varia procedencia (Dickinson, Paz, Galeano, Nin, Camus...). Y cada soneto, a su vez, se encabeza con título propio, cuidadosamente elegido para sinergizar el contenido, con lo que resulta en otro acierto.

Los signos de tierra los desplaza por el campo léxico a *tierra quemada,* donde nos retrata un pasado cuyas presencias son ya «deriva, retroceso, quimera, esquina, niebla...» según rezan los títulos. Es decir, crisis superadas, historias en avanzado proceso de estarlo, decisiones en estado irreversible que determinan un camino sin retorno posible. La autora ajusta cuentas poéticas con sus fantasmas: «tú [...] en el límite mismo del olvido» («Cronos, señor del umbral»), «todo murió, sin ruido ni batalla» («Venus en retroceso»), etc. No deja atrás nada que su historia pasada pueda usar como arma frente al porvenir. Borrón y cuenta nueva, en la medida de lo posible.

Los signos de fuego representan una introspección. El mito del fénix planea, y no gratuitamente, por esta sección. Recomienzo, ascenso, alba, fijeza, calma: «Qué limpia está hoy mi alma. Qué sosiego.» («Mar en calma»). El dolor

10

queda lejos, pese a viscosidades remanentes del pasado; la guerrera despierta del letargo, «diosa libre a la luz» («Poema onírico»), «lanzando a la mañana un desafío» («La armadura de Marte»). El bien, el mal y la propia poeta conforman una «Santa Trinidad» en convivencia dentro de un originalísimo poema de autoaceptación; en otro soneto curioso, «Aves de fuego», la autora se identifica interiormente con una heroína de los cómics de Marvel, Jane Grey, conocida como Fénix, con lo que el círculo de fuego queda cerrado.

«Signos de agua y vida» es el apartado más extenso. Consta de 24 sonetos que dejan bien patente el vitalismo y la mirada positiva de Gloria Atienza. Son poemas de amor presente y erotismo rampante en los que no caben medias tintas ni nostalgias que lastren. Generosa en detalles y sin falsos pudores, la poeta se desnuda desde su feminidad. No hay ironías protectoras ni frenos condescendientes: puro gozo de vivir y darse. La voluptuosidad atraviesa un único filtro: el de una acusada sensibilidad poética que la trasciende y eleva a la altura de los ejemplos más acendrados.

Y el mar. El mar tiene una presencia dominante, «es agua y es vida», es signo entre los signos, origen y destino, amante y amado para nuestra autora. Los títulos la delatan: «Marea alta», «Bitácora del primer encuentro», «Espiral marina», «Filos de espuma»... «Que la existencia fluya» son las palabras finales de un apartado que es, todo él, un hermoso himno a la vida.

Si en «Signos de agua y vida» nos encontramos ante un canto desde lo íntimo, en «Constelaciones» la poeta se abre al entorno inmediato. Ya no estamos ante el amor cerrado a dos, sino en un entrelazamiento de relaciones, ante la contemplación de sentimientos de terceras personas que nos conciernen y afectan en diversos grados. Trechos compartidos de historias, relaciones detenidas por el tiempo y en el tiempo, amistades que lo fueron y, cómo no, los hijos.

11

Buenos y malos recuerdos caben aquí; no en balde muchos sonetos ostentan dedicatorias (incluyendo a su gata Paca). Cabe destacar la dureza de «Eclipse total», soneto que estremece; también el lírico feminismo de «María siembra estrellas» y el mucho más radical de «Luna roja». Como curiosidad, el acróstico del primer cuarteto en «La náyade de Piscis», que nos habla del afán experimentador de la autora.

«Tránsitos», como el enunciado deja adivinar, se origina en el tiempo que Gloria pasa en el tren, camino al trabajo, y que le ocupa una buena porción de sus días laborales. Allí, arrellanada en la butaca, ve pasar días y paisajes, gentes y conversaciones, reflexiones a medio despertar y sucesos varios. Un filón para el alma de cualquier poeta. Al cerrar los ojos un instante, se interiorizan las percepciones, se reelaboran en versos y el poema surge, «sin principio ni fin», de la pluma de la autora. Así, «Eos», «Auras», «Lirio de luna», «Tránsito», pero también «Alquimias», «Lumen», «Ídolos efímeros», «Ceniza de cometas», asimilables a la personal visión cósmica de la autora. Curioso caso es «Alas de cisne» inspirado en un hallazgo arqueológico que sacudió la fibra de nuestra poeta y da origen a un soneto bellísimo.

Con una certera cita de Nin se abre el apartado «Luna Errante». Condenados a vagar sin rumbo conocido, a recoger las migajas de alegría que la jornada tenga a bien ofrecernos y a recordar/añorar las pérdidas, este apartado —el más breve— es también el rincón en que Gloria se deja imbuir de un tono pesimista: «junio sigue siendo gris» en «Nebulosa de verano», «solo recogemos escombros» en «Noches sin huella», por ejemplo. Sin filos cortantes ni graves sentencias, la poeta se deja llevar por una matizada negatividad, esa que tiñe ciertos días y ciertas noches por las que todos nos hemos derrumbado, fruto dulciamargo de cada personal historia. Recomiendo leerlos en días claros...

Cierra el volumen con «Solsticios y equinoccios», los extremos horarios de días y noches, y la equidad entre ambos. El itinerario laboral de la poeta sigue su imperturbable ciclo, pero el pesimismo queda relegado por el vuelo de la contemplación: la autora observa las gotas en el cristal de la ventanilla, la luz sobre los naranjales, las aves en busca de horizontes serenos, los campos que esperan la primavera, se sumerge en su eterno mar amante... La vitalidad, el positivismo con que Gloria Atienza llena las horas muertas y los paisajes cambiantes de sus trayectos sorprenden por la sencillez con que los convierte en pura música verbal, en auténtica materia poética.

Y voy acabando. Estos sonetos están destinados a trascender. Palpitan savia nueva, nutritiva, exquisita. Armada de endecasílabos transparentes, Gloria viene a conquistar un lugar al sol en el frondoso panorama poético de nuestra tierra.

Démosle una cálida bienvenida. Se la merece.

Félix Molina Colomer

SIGNOS DE TIERRA: TIERRA QUEMADA

El corazón quiere lo que quiere [...] el resto es solo tierra quemada.
Emily Dickinson

Venus en retroceso

En qué momento exacto se escapó
entre las finas grietas de mi ser
el infinito amor que te tenía
y ya no fuiste risa ni poema.

Cuándo fue que expiró la viva llama
y aquel estremecerse de la piel.
A dónde se marchó el febril deseo,
el ansia desatada por tus mieles.

Qué pasó con los sueños e ilusiones
y todo lo que había por vivir
si a nuestros pies teníamos el mundo.

El alma se cansó de mendigar
pues nada sobrevive al abandono.
Todo murió, sin ruido ni batalla.

En una nebulosa

Te quedaste a merced de tus tinieblas
como un barco varado en una playa
y cada nuevo embate de las olas
iba haciendo tus grietas más profundas.

Sumido en una absurda turbación,
te hundías lentamente hacia el abismo,
envuelto por las sombras que en tu mente
impedían la entrada de la luz.

Prisionero de ensueños, te mentías
entre espejismos y cortinas de humo,
anclado en un rincón de tu silencio.

Y mientras se escapaba tu existir
detrás de cada inútil bocanada,
yo huía sin que tú te dieras cuenta.

TIERRA SIN FUEGO

Se apagó lentamente, sin herida,
sin ningún gesto o voz, sin ningún ruido.
Se hizo humo la magia y el tejido
de un tiempo comenzó su triste huida.

Los días que enredaron nuestra vida
cedieron su lugar al lento olvido;
un beso, una caricia, un solo nido
son ahora una bruma suspendida.

El aire se llenó de un desencanto,
como el rumor del viento en la maleza:
un lastimero adiós nos separaba.

No hubo contienda, solo un mudo llanto
y en el pecho pesar, y la certeza
de que una parte mía en ti dejaba.

CRONOS,
SEÑOR DEL UMBRAL

Recuerdo con nostalgia aquellas tardes
con los últimos rayos del verano
y las primeras luces del otoño
cayendo sobre el río en la arboleda.

Recuerdo que cambiaban los colores,
preludio de la muda de estación,
y una brisa que olía diferente
envolvía las noches sin final.

Recuerdo aquellos juegos con las risas
alejadas de sombras y de miedos
en los largos paseos por la playa.

Y entre tanto recuerdo quedas tú,
sentado en el umbral de mi memoria,
en el límite mismo del olvido.

ALINEACIONES

Quiso el azar unir nuestro viaje
en aquella vereda junto al río.
Breve instante, un efímero amorío,
una prenda prestada en mi equipaje.

No opuse resistencia a tu abordaje
e inocente pensé que te hice mío.
Tú eras el capitán y yo el navío
que navegó en tu mar y en tu oleaje.

Tras tu marcha, mutó mi piel en yunque
y forjé en ella a golpe de martillo
la espada con que abrir otro sendero.

Guardián de que mi calma no se trunque,
un nuevo rey comparte mi castillo,
compañía leal en mi velero.

Cuadratura de Venus

Aquel septiembre supo con certeza
que habían terminado para siempre.
Quedaría a la espera y sin tomar
un último café de despedida.

Los besos que tenía preparados
se perdieron en labios peregrinos,
que se mezclaron con silentes lágrimas
y caricias de insípido sabor.

Le dijo adiós buscando en otros ojos
un brillo que trajera su mirada,
mas solo halló un efímero sosiego.

Y aquel septiembre, con serena furia,
quemó los puentes y sembró el olvido
y de sus restos resurgió con fuerza.

Menguante de luna

Nunca nos despedimos y el estío
puso punto final, y fue tu ausencia,
aquel silencio eterno, una sentencia,
la condena que me dejó un vacío.

Forjaste tu armadura con el frío
de la inclemente y dura indiferencia,
negando, para siempre, mi existencia.
Se ahogó el amor en brazos del rocío.

¿Fui para ti la luz fugaz de un astro,
cometa que en tus manos llevó el viento?
¿O tu temor venció lo que sentías?

Mas quedó en mí tu clandestino rastro.
Permíteme soñar, por un momento,
que no me amaste porque no podías.

DERIVA CELESTE

Ya no hay campos cubiertos de amapolas,
marchitaron contigo y tu sonrisa.
Tu mirada voló con una brisa
huyendo en un suspiro con las olas.

Me acercaba al oído caracolas
para volver a oír tu voz sin prisa,
pero el eco tan solo fue premisa
de que tú estabas lejos y yo a solas.

Rozaba con mis manos fría arena,
igual que acaricié tu amada piel
en tardes regaladas de azucena.

Embarqué mi cariño en un bajel
que navegó sin rumbo por la pena
de saber que tu amor fue de papel.

QUIMERA

Ante un amor que nunca fue probable
el ánimo quebró como un cristal
y el silencio se hizo manantial
que arrastró en su rumor lo irreparable.

Latía entre temores, vulnerable,
el corazón varado en su caudal,
pues nunca llegaría a un buen final
esta ilusión de sueño inalcanzable.

Trajo el tiempo de vuelta la razón
que siempre sana y, suave, reconforta.
Y, sin heridas, hubo redención.

Ya libre del afán que nada aporta
descansa entre los pliegues del perdón
aquel esquivo sueño que hoy no importa.

ÓRBITA EXCÉNTRICA

El cielo está cubierto y, de repente,
entre nimbos grisáceos, tú retornas.
Te sientas en el borde de una nube,
igual que el cazador que acecha presa.

Llega, como una sombra en la neblina,
un temblor que estremece aún mi pulso.
Atraviesas mi pecho con el aire
que desata en mi piel el viejo frío.

Te nombro y mi quietud se sobresalta,
vuelve la voz de aquella primavera,
pero la luz del alba se abre paso

y con ella se diluye tu presencia.
Marchas envuelto de otras nubes grises
que te alejan de nuevo hacia el olvido.

Esquinas planetarias

Anoche, sin querer, soñé contigo.
Reviví los encuentros más ingratos,
las caricias, los besos insensatos
que la tarde tuvieron por testigo.

En mi sueño pedías, cual mendigo,
que al presente trajera aquellos ratos;
despierta se me antojan garabatos
de un tiempo sin ventura que maldigo.

Con repetidos besos en mis manos
y en silencio, pedías con los ojos
que mi pecho te diera otra ocasión.

Inservibles deseos, planes vanos:
se marcharon tu amor y mis enojos.
Ya acorralé tu nombre en un rincón.

FIGURA EN LA NIEBLA

Hoy te he visto después de tanto tiempo
que he dudado al principio si eras tú.
El paso de los años te ha dejado
cicatrices del tiempo irreparables.

Mas venció la certeza ante la duda
al ver que tu actitud era la misma:
sigues urdiendo muros de silencio,
refugios de pueril indiferencia.

Yo me enfrenté al vacío al comprender
que me volví invisible a tu mirada.
Me desterraste impávido al olvido.

No sé qué fue de ti. No te conozco.
Y aunque eres un extraño, en mis recuerdos,
después de tanto tiempo, hoy regresas.

SIGNOS DE FUEGO

El fuego no solo consume, también transforma.
En sus llamas lo antiguo muere para que nazca lo nuevo.

(Atribuido al mito del Fénix)

CARTA ASTRAL

Quisiera anclar el tiempo que me queda,
sus fugaces segundos, cada instante,
detener ese transcurrir constante
por no darle al barquero su moneda.

Y escaparme a correr por la alameda
en busca de la playa, de mi amante,
sin cesar en mi empeño delirante
de asir lo que la vida me conceda.

Que mis pasos mantengan su cadencia,
igual que el rápido caudal de un río,
y no me abrace el cruel aburrimiento.

Que no venga a por mí la indiferencia
ni me atrapen las garras del hastío:
no he de ser otra más del viejo cuento.

Santa Trinidad

Soporto con frecuencia las batallas
que se producen dentro de mi ser
entre dos enemigos incansables,
fuerzas contrarias que se enfrentan siempre.

Conflictos que son míos y que asumo
—tal vez la lucha es nuestra condición—;
así que solo intento no juzgarme
ni ser jamás rehén de mis errores.

Mis propias emociones y creencias
perturban con su eterna lid mi paz,
gritan la soledad que en mí reside.

Que el bien y el mal compitan no me asusta.
Después de estar conmigo tanto tiempo
ya aprendimos los tres a convivir.

Neptuno en el pecho

De nuevo hoy el mar está intranquilo,
ha empezado a encresparse y a rugir
por vientos que provocan el desvelo
y hacen crecer con fuerza su oleaje.

Se percibe cómo asciende la marea
desde mi pecho henchido de emociones
hasta el margen oblicuo de mis ojos,
donde rebosa ya sin dique alguno.

El mar rompe el silencio de la noche.
La paz camina por la cuerda floja
y cae cuando aparecen los recuerdos;

regresan del olvido cuando quieren
y su presencia anega el equilibrio
que se sumerge en desconsuelo y llanto.

LUNA EN ASCENSO

El eco del pasado aún se escucha
en susurros que a veces son quebranto,
pero el sol resplandece tras la lucha
y se olvida el dolor y el desencanto.

Me sumergí en las sombras, mas me izó
la fuerza de los vientos que cruzaron.
Mi ánimo herido, con afán, se alzó
y desterró a los que jamás me amaron.

Aprendí a respirar, a ser yo misma,
a no correr tras todo lo que escapa.
La vida se sostiene en un sofisma
y en un leve temblor que nos atrapa.

No fue vencer el daño lo importante,
sino saber mirar hacia adelante.

ASTROS

Hoy contemplo los astros en la noche
por si en el cielo encuentro las respuestas
a todas las preguntas que se ahogaron
en el torrente ciego de mis días.

Quizás en las estrellas y en su luz
se escondan los secretos que olvidé
y tal vez sea el tiempo el que revele
la estela de misterios infinitos.

Mas aprendí al mirar el firmamento
que aguas que pasaron no retornan,
y si vuelven, su voz es diferente.

Un nuevo acento se halla en la distancia
que aquieta en mi memoria turbulencias
y en la noche me alcanza al fin la paz.

Recomienzo

Renovada empezó una nueva vida
tras una ardiente tarde de locura
que la llevó sin vuelta a una ruptura
porque ya no existía otra salida.

La triste y dolorosa despedida
se había rodeado de amargura
después de tantos años de andadura.
Difícil fue curar aquella herida.

Pero el salto al vacío estaba dado
y ya había cruzado la frontera
que la había llevado al otro lado.

Allí, tras una breve primavera
de rojas amapolas sobre el prado,
el corto amor quedó en una quimera.

LETEO

Revivir los recuerdos de lo amado
lentamente devora mi energía,
pues hace que regrese la agonía
de aquello que quisiera ya olvidado.

No sirven añoranzas del pasado,
aunque crucen el puente hacia este día.
Se quedaron hundidos en la fría
laguna de los sueños. Me he cansado

de buscar los porqués si no hay respuestas;
quizás es que no existen. Todo fluye
como el agua del río a su destino.

Es mejor olvidar perdidas gestas
que son hoy innombrables. Se diluye
tu nombre entre otros nombres del camino.

POEMA ONÍRICO

Entre las sombras viajó a través de un sueño,
envuelto de un extraño y frío halo.
Llegó a un mundo impreciso, ajeno a él,
flotando en el vacío y el silencio.

Era allí un ser etéreo, casi ausente,
y aún distante, su aliento sacudía
cada brizna invisible del espacio
y todo lo intangible se agitaba.

Se sentó, coronado por sus miedos,
protegido por muros de apariencia:
rey infiel en un reino de mentiras.

Perdido en lo profundo de aquel cosmos
la vio surgir de cristalinas aguas:
diosa libre a la luz de un nuevo sol.

ARIANA

Color de amanecer en el cabello
con que cubrir la plata de mis sienes.
Dos esmeraldas ven pasar los trenes
que cruzan como un rápido destello.

Con un pañuelo adorno el blanco cuello,
camino que conduce a los edenes
donde guardo tus besos cual rehenes,
cuando en mis labios han dejado sello.

Fiel e incansable amante de esta vida,
la bebería entera si pudiera
antes de que los años me derroten.

No quiero bajo tierra estar dormida,
ni flores sobre ella, ni llantera.
Lanzadme al mar, que mis cenizas floten.

La luna en Aries

Hoy gozo en el placer de la pereza,
del café y la tostada en el sofá,
de escuchar el silencio de mi casa,
de no saber de nadie, de estar sola.

He oído que la luna estaba en Aries
y por eso, quizás, ando revuelta:
he barrido los tristes pensamientos,
he cambiado las sábanas azules

y a las plantas he dado de beber
después de confesarles, susurrando,
que pronto ha de llegar el frío invierno.

He abierto la ventana al sol de otoño,
vestido todavía de un verano
que no está preparado para irse.

Con el alba

Suena el despertador, ya es de mañana.
Los párpados, cerrados cual cerrojos,
no dejan que la luz llegue a los ojos
cuando entra un tenue rayo en la ventana.

Abandono la cama con desgana,
muevo mis pies mientras murmuro enojos
y observo en el espejo los matojos
que ha formado mi pelo color grana.

Un café necesito, tomaré
un par para volver pronto a la vida
y después con paciencia intentaré

que mi cara parezca distinguida.
Y con una camisa de muaré
y el aire digno, salgo a la avenida.

LA ARMADURA DE MARTE

Lavo mi rostro y frente al cruel espejo,
con una taza de café humeante,
comienzo el matutino ritual.
Fijamente me observo y me inspecciono.

Escucho mis arrugas que me cuentan
la historia del transcurso de mis años
y, aunque extiendo el maquillaje, no se callan;
regreso, resignada, al sorbo tibio.

Tomo las armas para enfrentar el día:
un *eyeliner*, dorada sombra de ojos,
el rímel que resalta las pestañas

y un trazo de poder sobre los labios
que me acompaña al ruedo: mi carmín
lanzando a la mañana un desafío.

Lenguajes

Me miden con su juicio y, sin permiso,
leen en mi piel no un acto de afirmarme,
sino el fingir un código o un aviso
como el gesto sutil de resguardarme.

Confunde ver pintada mi sonrisa.
La línea de mis ojos no es anzuelo;
ignoran que en mis formas ya no hay prisa
en ceder ante el mundo ni a su duelo.

No es disfraz lo que llevo: es armadura,
y, aunque al mirarme inventen lo que soy,
equivocan el tino en su lectura.

Yo elijo ser reflejo de mi hoy:
no encuentro en maquillarme una impostura,
sino el idioma fiel con que me doy.

DUALIDAD

Llevo en el alma el peso de los días,
batallas con las sombras que en mí nacen;
las guerras que contengo en mi interior
y que unas veces gano y otras pierdo.

Igual que asomada a una ventana
las montañas de mi océano se elevan
y como enorme boca *negrambrienta*
quisiera masticarme y engullirme,

es esa parte oscura de mi ser
que surge desde el fondo en oleadas:
mi demonio buscando una salida

o la entrada, tal vez, a un nuevo cielo.
La dualidad presente en cada uno
es parto que nos rompe y nos renueva.

Colapsos de tiempo

El camino hacia las sombras del pasado
es una calle estrecha y sin salida,
e intentas vislumbrar en la penumbra
qué pasos te trajeron hasta aquí.

Pero para lo andado no hay retorno
y vivir tiene un único sentido:
solo queda seguir hacia adelante,
explorar nuevas puertas que se abran.

Vivimos atrapados por el tiempo;
el pasado, el presente y el futuro,
en la vida, a su antojo, van y vienen.

Es mejor no volver la vista atrás
porque aquello que hicimos queda hecho
y de nada nos sirve arrepentirnos.

Los pliegues de Saturno

Aliso lentamente con la plancha
las arrugas que marcan cada prenda,
en intento por deshacer los pliegues
que esconden los caprichos de esta vida.

Cada pasada es un fugaz recuerdo:
esa sonrisa ahogada por orgullo,
tantas conversaciones que omití,
el beso que quedó en una intención.

Doblo camisas como quien recoge
las sobras que quedaron de otros tiempos
y ordeno piezas de este caos diario.

Con la cesta y el alma más livianas
guardo la plancha como si apagase
una vela al final de un largo día.

Planeta pandemia

(Cruzando la plaza del Prado de Gandía)

Resuenan mis tacones en la acera,
marcando un ritmo sordo y prolongado,
un triste son, un eco acentuado
por el silencio gélido que impera.

Llega una brisa fría y lastimera,
como un acompañante fiel y alado;
con él suena un lamento susurrado,
el llanto falso de una plañidera.

En las calles no hay ruido de gentío
ni se escucha la vida alborozada
y el parque de la plaza está sombrío.

Camino triste por la gris calzada.
Desierta, la ciudad, da escalofrío,
absorta en esta soledad forzada.

Fénix en las dunas

Salí a la playa, a recorrer sus dunas,
lejos del ajetreo de la gente,
sola con mi pasado y mi presente,
buscando decisiones oportunas.

Como un compás, mi pie trazaba lunas,
surcos sobre la arena que, paciente,
me dejaba jugar y abrir el puente
que conectaba todas mis lagunas.

Entonces vi morir a la mujer,
la esposa fiel, la madre dedicada.
Se esfumó entre las ollas y el barrer,

no fue más ni señora ni criada.
Se construyó una pira para arder
y resurgió del fuego renovada.

Aves de fuego

Ya no soy la persona que conocieron,
soy pasión y fuego encarnado ahora y siempre.
Soy Fénix.

Jane Grey, heroína de Marvel

Cabellos de arrebol, mirada verde,
como tú me levanto cuando caigo:
resurgimos las dos de las cenizas
para volver al centro del incendio.

Somos Fénix, la llama que al arder
destruye lo que duele y lo que oprime.
Avanzamos sin miedo a contraluz
en un pulso infinito con la noche.

Aves de fuego, renacidas hembras,
heroínas que siempre se levantan,
de la vida, mutantes incansables.

Tu legado de fuerza está presente:
soy tu reflejo, soy tu imagen viva
en este porvenir que no me asusta.

MAR EN CALMA

Qué limpia está la mesa. Es buen comienzo.
El té humea sin prisa y se hace aroma.
La sombra de mi mano sobre el lienzo
se desliza, parece una paloma.

En palabras mis alas se despliegan
y el aire, con su roce, las detiene.
La tinta fluye, es río en que navegan
esas curvas que el tiempo allí sostiene.

El sonido del viento me acompaña,
como esa voz que suena y no enmudece.
La luz que irrumpe el día desempaña,
desteje sombras y entre su haz me mece.

Qué limpia está hoy mi alma. Qué sosiego.
Hoy todo en mí descansa. Cesó el fuego.

Estrellas fijas

El tiempo se desliza entre mis dedos
como la arena dentro de un reloj
y aquello que sentía necesario
hoy es un espejismo intrascendente.

Se quedaron atrás momentos y personas
que fueron compañeras de viaje:
unas, durante un largo recorrido;
otras, que no aprendieron ni mi nombre.

Quien quiso conocerme se ha quedado,
sin forzar situaciones ni cariños.
Nunca fue necesario fingir nada.

Llegados a esta altura de las cosas
no quiero falsedades ni mentiras.
Si te quedas, que sea porque quieres.

SIGNOS DE AGUA Y VIDA

...amar es desnudarse de los nombres,
dejar que el agua corra por entre
dos cuerpos abiertos al asombro.

OCTAVIO PAZ

SOLSTICIO EN JULIO

El tedio y el calor de aquella tarde
llevaron mi atención a la ventana;
pasaste como un gato por la andana
haciendo de tu porte y gracia alarde.

Pudo el miedo conmigo, fui cobarde
y me escondí bajando mi persiana.
¿Y si luego era el príncipe otra rana?
Mas Amor zanja cuando prende y arde.

Miré con disimulo, de reojo:
se disiparon todos mis temores
cuando bajaste de tu coche rojo.

Al verme, tu sonrisa me hizo honores,
sin que hubiera por mi tardanza enojo:
supiste que tendrías mis favores.

α-Polaris

Tu imagen se cruzó con otros rostros,
pero como un imán me arrastró a ti
la limpia claridad de tu mirada
y una promesa cierta en tu sonrisa.

Eras solo un susurro entre la gente,
mas tu presencia removía el aire
y en tu silencio —reino de la espera—,
se tejió la invisible telaraña.

Se entrelazaron nuestros hilos rotos
y, aunque quise dudar, ya no hubo sombras
que velasen la luz que me ofrecías.

Tus ojos, faros fijos en mi niebla,
me llevaron al puerto no previsto
donde las aguas fluyen sin preguntas.

Filos de espuma

Esperaba sentada junto al mar.
Te vi llegar a bordo de un velero,
blanco el bajel, de blanco el marinero
que traía de vuelta el verbo amar.

Cada ola me hacía recordar
que el amor es fugaz y traicionero;
también que puede ser leal, sincero,
refugio en la tormenta, tibio hogar.

Retorna a mí la luz; tu sol se suma
y segadas mis sombras caen tendidas
como una mies de la que fueras hoz.

Hoy respiro el aroma de la espuma,
vuelven pasiones que creí dormidas
y que renacen al oír tu voz.

Bitácora del primer encuentro

Pescador que rondabas mis orillas
llegaste con la luna entre las velas.
Me arrastró tu mirada en su corriente
a una sima de luces esmeralda.

Te dejé navegar entre mis dudas
y desplegar los lienzos de mis noches:
tú, al timón, con el viento de levante,
trazaste rumbo más allá del tiempo.

Mis olas, temerosas de morir
en arenas de playas embusteras,
se calmaron al ritmo de tu voz.

El mar de tus pupilas, derramado,
lamió mi piel, y fue su sal la cura
y sus estelas, mapa en mi deriva.

OBSTINATO

Mis versos tienen nombre, siempre el tuyo,
pues ávida de ti te invoco y quiero
verte para calmar mi desespero,
pues solo tú eres cauce en donde fluyo.

En el teléfono tu voz, murmullo
de palabras que dicen lo que espero,
mas toda esta distancia es desafuero,
prisión de amor, destierro que rehúyo.

Miro al cielo e imploro ante la luna
un pronto terminar de mi condena
y un sueño que a tu ausencia me haga inmune.

Anhelo que tu abrazo nos reúna
y nunca otra noche sea ajena
sin tu mano en mi seno que me acune.

ECUACIÓN IRRESOLUTA

Me preguntas por qué razón te quiero
y desconozco cuál es el motivo.
Te observo mientras haces el café,
buscando qué hay en ti que me atrapó.

Quizás, al despertar, tus buenos días
con tus cálidos besos en mi nuca
o tal vez el calor de tus abrazos,
crisol donde se funde nuestra piel.

Quizás porque me quieres imperfecta,
y aceptas mis defectos y mis iras;
por tu inmensa paciencia con mis brumas.

Y me pregunto, ¿cómo no quererte?
Eres mi mar en calma, mi reposo,
la fragua en que se forja mi destino.

Conjunción astral

No encuentras en mis ojos su mirada,
quizás mi piel tampoco es la que anhelas.
Su boca, del color de las ciruelas,
no es la mía, más rosa y más delgada.

Su melena es sedosa y ondulada
y enmarca su perfil con sus estelas.
Mas es en mi cabello donde vuelas:
tus dedos aves son en desbandada.

Su cuerpo voluptuoso no es el mío,
pero en mi piel un fuego vivo arde
y con cada latido te sostengo.

No soy ella, ni temo al desafío.
Te usó como juguete de una tarde:
no te quiso y ahora yo te tengo.

Cometa en llamas

Se marchó el ímpetu, la eterna sed,
esa loca pasión que, sin fronteras,
todas nuestras acciones sometía.
Partió la juventud con su arrogancia.

Aquel manar de vida incontrolable,
—hoy sosegadas aguas, manso arroyo—,
aún habita en mí como un mar
que reposa después de la tormenta.

Tú llegaste al comienzo de mi octubre
a llenar de ilusiones mi vacío
y mi pecho de amor sereno y franco.

Y, aunque partió aquella juventud,
se reaviva mi fuego en tu presencia:
tú provocas incendios en mi alma.

Influjo de Venus

Versos repletos de pasión me escribes,
palabras zalameras, suave miel,
en los que sin ningún pudor exhibes
las sendas que recorres por mi piel.

Sobre el papel incólume derramas
tu fiebre en ríos de azuladas tintas,
deseos que enardecen unas llamas
que ni mis besos dejarán extintas.

Para mi eres caprichoso Eros
y con tu pluma escenas de amor creas,
dardos que arrojas sobre mí, certeros;
la llave son que abre lo que anhelas.

Cálidos versos crea tu alma inquieta
al amparo de un corazón poeta.

Mi amparo

En tus brazos encuentro mi guarida,
envuelta en ellos sé que estoy en casa,
son el lugar para sanar la herida;
reposando en tu pecho, todo pasa.

Refugio fiel donde la paz retorna
cuando me abrasa un sentimiento frío.
Sobre tu boca el día gris se adorna
y mi cuerpo se vuelve sal y río.

Si me miran tus ojos ya no hay miedos,
se quedan lejos lúgubres temores
que las caricias tiernas de tus dedos
espantan mientras tejen red de amores.

Cuando se pone el sol, mi regocijo
es regresar a ti, veraz cobijo.

Oráculo en la mañana

Malas nuevas nublaron tu alegría
dejándote tristeza y malhumor,
pero como una muestra de mi amor
te quiero regalar un mejor día.

Si borro tu inquietud, tu ansia sombría,
y alumbro el gris que trajo el sinsabor
tal vez pinte tu alba de color
y quede en nada el pleito o la porfía.

Otro día amanece por delante,
son páginas de un libro que llenar;
cada renglón será un nuevo instante

que juntos escribimos sin dudar
desde cualquier rincón, aunque distante,
de tus verdes montañas y mi mar.

Signo de fuego

Roja sangre recorre alborotada
el cuerpo que la tiene contenida,
densos ríos que abrasan sin medida
la suave y fina piel arrebolada.

El corazón, cual yegua desbocada,
se asoma por la boca humedecida,
fresa caliente, miel que es relamida
en labios que se ofrecen de carnada.

Embriagadora esencia de lujuria
ante la que se rinden a sus pies,
en encendida ofrenda, los sentidos.

Apetitosa lumbre que con furia
las miradas avivan. Y después,
voraz incendio en el que arder vencidos.

Espiral marina

Eres playa de tibia y fina arena
en la que hundir mis manos. Me captura
rozar tu piel rosada, su textura,
reflejo de una luz que me encadena.

Ver tu cuerpo desnudo me condena
a nadar de tu espalda a tu cintura
y a surcar, beso a beso, tu figura.
Eres profundo mar y yo sirena.

Me atrapa el oleaje de tu abrazo
que me arrastra voraz en su corriente,
bajo el cielo del rojo atardecer.

Me agito, como un pez, en tu regazo.
Varada sobre ti en frenesí ardiente
serás mi playa donde perecer.

Marea alta

Percibo en la penumbra tu mirada
y el roce de tus labios en mi nuca.
Tu aliento se desliza por mi hombro
como una brisa cálida y marina

que me impregna de aroma a brea y sal.
Me inunda tu calor con un abrazo
perdiéndose en el valle del deseo:
yo me imagino plácida en la arena,

entre el ir y venir del oleaje,
que me deja tu espuma en la cintura.
Despiertan mis sentidos a la vida

y se embarcan contigo en tu navío,
con sus velas que lucen desplegadas
sobre un mar que conduce al horizonte.

DICOTOMÍA

Quiero beberte a sorbos, muy despacio,
como se bebe un vaso de agua fría
y así calmar mi intensa sed de ti,
mis ansias de tu esencia indefinible.

No quiero no tener necesidad
de buscarte en mis noches de desvelo
y que tus besos y tu abrazo espanten
los sueños que perturban mi reposo.

Quiero que nunca sea suficiente
mi empeño de tenerte en mi regazo
con tus ojos buscando mi mirada.

No quiero no sentir que me cautiva
el halo que desprendes y me impregna,
pues fundirme contigo sí lo quiero.

RITUAL

En septiembre la tarde con su brisa
recuerda que el verano ya se apaga.
Un aroma a lascivia nos embriaga
y el imán del deseo atrae sin prisa.

Va mi boca a tu boca de melisa
y en tus ojos de verdemar naufraga
mi débil voluntad, que allí divaga
a qué parte de ti se irá sumisa.

Regreso a lo que más me vuelve loca:
al sabor de tus labios de Cupido,
cuyo roce febril me descoloca.

Y, en un beso, el verano florecido
en mil colores rompe y me desboca,
mientras arde mi ser con un gemido.

Planeta encendido

Un bebedizo tengo para ti
de rojas amapolas encendidas
y pétalos de fino terciopelo
que con su fuego abrasarán tu piel;

generosas te ofrecen su elixir,
destilado en un húmedo alambique.
Beberás esta milagrosa esencia
para calmar la sed que te provoca.

Las flores que han brotado de mis labios
contigo morirán por esta noche
en el lecho apacible de tu piel,

y embriagado y servil por un veneno
que lejos de matarte te revive,
de nuevo pedirás que te lo ofrezca.

LICORES TERRENALES

Bebamos una copa de buen vino
que al reposar sutil sobre la boca
deje entrever mirada que provoca
y el deseo lascivo que adivino.

La lujuria se clava como espino
y resbalando por mi cuerpo evoca
ese placer al que tu lengua aboca
al rozar, sin pudor, sensual camino.

Se desliza caliente en tu garganta
el líquido del cáliz, que rezuma
mientras mi ser entero se quebranta.

Y ahora viertes templada y suave espuma
que en mi dorado pubis se decanta
cuando el fin del brindis se consuma.

Astro en regresión

Estás aquí a mi lado, mas casi estás ausente.
Ya vas hacia la entrada sombría de tu abismo,
un lugar que te envuelve con su helado abrazo,
te distancia de mí, te encierra en su prisión.

Mis caricias no sirven, se diluyen en la nada,
resbalan por tu cuerpo cansado y dolorido,
como aceite caliente sobre pulido mármol:
sin respuesta se enfrían, se apagan sin tu boca.

Fracasan mis intentos de vencer tu aflicción
y, mientras haces frente a tus duras cruzadas,
yo batallo las mías contra invisibles monstruos.

Quizás algún conjuro, un hechizo ancestral
o el tiempo y sus caprichos, te traigan de regreso
al quedar tu dolor por siempre en el olvido.

Caminos de la memoria

Recuérdame que sigues a mi lado
cuando retomo algún camino viejo.
Llámame si percibes que me alejo,
si ves que pierdo el rumbo ya trazado.

Que tu voz me rescate del pasado,
que tu amor sea faro y su reflejo
sea perenne imagen en mi espejo;
no dejes que me venza lo olvidado.

Avísame si el tiempo me arrebata
las huellas que dejamos en la arena,
si un viento gris mis sueños desbarata.

Susúrrame tu nombre si es condena
la tristeza que llega y se desata,
y haz que tu abrazo rompa mi cadena.

Bolso cósmico

«¿Qué llevas en el bolso?», me preguntas.
Y yo, con una mueca, te respondo:
«Muchas cosas y todas necesarias.
Mis gafas, mi carné, mi pintalabios,

la cartera (que guarda algún secreto),
las llaves de mi casa (y de la tuya),
un libro (donde duerme una flor seca,
recuerdo fiel que exhala un viejo aroma),

la *tablet* donde escribo los poemas
y ese aparato en que tu voz reside
y es puente que me acerca a otros mundos.

También, en el bolsillo, guardo besos,
caramelos de menta y de ternura
que endulzan en las noches nuestro insomnio».

SEGUNDA BITÁCORA

El alba izamos juntos entre sábanas
y el mundo naufragó en ansiosos labios.
El tiempo se hizo espuma, y nuestras pieles
una sola corriente sin retorno.

Tu silencio observé desde mi proa
y no vi marejada en tus pupilas
ni que al timón temblaras ni un segundo
ante vientos que arriaban nuestras velas.

Crujieron los tablones del navío
sin que en ningún momento zozobrase:
ni dudas ni temores lo quebraron.

Hallé en ti mi destino, mi posada,
y aún navego en tu mar, a la deriva
de un rumbo que comparte cada anhelo.

Horas quietas

El mediodía calla, ya no hay prisa,
y, en el sofá, tu respirar me acuna.
La luz se filtra tibia, el mundo para
cuando cede mi cuerpo con tu abrazo.

El peso de tu mano es la señal
que disuelve lo urgente; beso a beso
se apaga el pensamiento en ese instante
en el que solo escucho tu latido.

Es sueño que repara lentamente,
que nos mece la piel mientras que cronos
deshoja en el reloj las quietas horas

y el alma se renueva, sin palabras,
al anidar la paz en cada fibra,
en el dulce abandono de la siesta.

Caos y fractal

No sé si el mundo entiende cómo me hablan tus ojos
ni las leves arrugas que anuncian en tus labios
la cómplice sonrisa que es códice de sabios,
ni que en nuestros silencios no se esconden enojos.

Ni que al llegar a casa echemos los cerrojos
para dejar afuera el ruido y los agravios,
y sea nuestra historia la que con propios cabios
sustente fuerte el techo ante ajenos arrojos.

No sé si el mundo sabe que hay un secreto canto
que anuda las miradas, sin voz que nos destruya,
y que en nuestra entropía no hay sitio al desencanto.

Ni que esta sea la base en la que se construya
la pura coincidencia de hallarnos y ser tanto
que todo sea tan fácil que la existencia fluya.

CONSTELACIONES

Algunos fuegos, fuegos bobos, no alumbran ni queman;
pero otros, otros arden la vida con tantas ganas
que no se puede mirarlos sin parpadear,
y quien se acerca, se enciende.

Eduardo Galeano

CONSTELACIONES

Caía un aguacero intenso fuera
que contra los cristales golpeaba,
presto para encubrir a los amantes
y ser fiel aliado del secreto.

Las gotas, con su ruido metálico,
insidiosas, rompían la quietud
y solo delataba un fugaz brillo
a la pareja oculta en la penumbra.

Cartas astrales sobre las ventanas
predecían lo frágil del instante,
la escasa consistencia de ese amor.

Constelaciones en la tarde gris
y unos ojos que parten, tras la lluvia,
desde el *parking* de un centro comercial.

Las lágrimas de Virgo

A Glori

Te invade un sufrimiento, una amargura
que emerge por tus ojos de gacela
y deja el rastro acuoso de una estela
al cruzar con viveza tu hermosura.

No dejes que se imponga a tu cordura
el dolor que arremete y que cincela
la tristeza en tu rostro; gris tesela,
que rompe en tu mosaico la blancura.

No llores más, mi niña, todo pasa,
el tiempo sanará la abierta herida
llevándose con él lo que hoy te abrasa.

Un recuerdo fugaz, como otra vida,
vendrá, igual que una aguja que traspasa,
a despertar tu cicatriz dormida.

Lazos del destino

A mi hermano

Te veo cada día entre las lamas
que ocultan luminosos parabanes,
mientras traza tu brújula los rumbos
del navío en que juntos viajamos.

Eres firme pilar de mi existencia,
con tu mano tendida sin reproches;
tu palabra, que cae como semilla,
florece y da sus frutos que me nutren.

No fue siempre la vida un mar de rosas,
mas supimos bordar con nuestros hilos
una tregua de luz entre las nubes.

Fue el destino, con manos invisibles,
quien tejió entre nosotros este nudo,
tan fuerte que ni el tiempo desenlaza.

BELLATRIX

(LA ESTRELLA AMAZONA)

A Sali

El tiempo se nos fue, como un chasquido,
y aunque somos peonzas al azar,
a lo que la fortuna quiso dar
muchas veces nos hemos resistido.

La jaula hemos abierto si el sentido
nos dijo que es momento de volar,
de alejarnos del nido sin pesar;
da igual si otros rasgaron su vestido.

Ahora somos valientes amazonas
que cabalgan a lomos de la vida
y a su juego jugamos retozonas.

Más fieras, soberanas y leonas,
—todavía sangrante alguna herida—
lucimos orgullosas las coronas.

PLÉYADES
(LAS HERMANAS)

A Alicia

Encontrarnos después de tantos años
fue para mí un hallazgo indefinible,
como una fruta en árboles extraños
cuyo aroma la hace irresistible.

En la playa volvimos a ser niñas
que, en las conchas, buscaban nuevos sueños.
Ignorantes de todas las morriñas,
los días eran suaves y halagüeños.

El tiempo se colmó de confidencias,
de risas y de juegos compartidos;
dejamos en la arena las ausencias,
las sombras, el ayer, los sinsentidos.

Unidas por la vida y la memoria,
el cariño fue el pacto en nuestra historia.

Al fin, la luz

A Ramón

El tiempo se detuvo aquella tarde
en que el vacío taladró tu pecho.
Reinó la oscuridad en tu horizonte,
tanta que apenas fuiste ni una sombra.

Fue ese dolor el germen del incendio
que tu alma consumió: cenizas grises,
ya que tus huesos fueron calcinados
en la dura batalla con la pena.

Y no existió en tu carne ni un suspiro
que no buscara al hijo entre la bruma,
ni un gesto sin su nombre en los rincones.

Mas en tu despedida se vio un brillo
y un leve resplandor en tu sonrisa
al alcanzar la estrella que perdiste.

MATERIA OSCURA

Te cegaron la rabia y el dolor,
la frustración se apoderó de ti
y sola lideraste una batalla
que, al final, se volvió en tu propia contra.

Nadie sabe si tras tu sensatez
también huyó tu roto corazón,
o acaso lo tuviste negro siempre
escondido en el pozo de tu pecho.

Tu traición fue un cuchillo en lo invisible,
una herida profunda a mi amistad;
tiene la deslealtad un sabor acre.

Tal vez no te libraste de tu odio,
quizá nunca encontraste bien ni paz
mas sé que en mí el rencor no ha hecho nido.

ÓRBITAS DISCORDANTES

Compartimos un tramo de la vida,
a veces como un único latido,
mas todo lo que fuimos se ha perdido
y hoy solo queda ausencia dolorida.

No sé qué nos hirió, por qué esta herida
que marcó la distancia sin sentido.
Quizá fue lo callado o lo no oído,
o acaso una palabra inadvertida.

Tal vez las dos tejimos esta suerte,
el muro de silencios que perdura
y guarda todo lo que no dijimos.

Si nos recuerdo, la nostalgia es fuerte,
hubo un cariño que cavó su hondura.
¿Quién fue la que olvidó? ¿A dónde huimos?

Eclipse total

Decidido a privarnos de su voz,
de la luz que irradiaba su mirar,
de su eterna sonrisa adolescente,
nos dejó. Se marchó como la bruma.

Partió al amanecer y sin aviso,
huyendo de la casa que habitaron,
perdido y entre oscuros pensamientos
que le gritaban solo una salida.

Buscó negarse en brazos del vacío
y esparcir, sobre el duro y frío asfalto,
su metralla de carne confundida.

Nos ha impuesto su ausencia y en jirones
nos ha dejado el alma con su fuga.
Ya la noche es un grito sin consuelo.

ALAS PARA CAPRICORNIO

A Eva

Conozco la razón de tus heridas,
y cómo devinieron cicatrices
al curar con las lágrimas vertidas
por un amor pasado que hoy maldices.

Conozco aquellos sueños entre umbrías,
quimeras atrapadas en tu mente,
castillos que en el aire sostenías
y que al soplar cayeron fácilmente.

Ilusiones sujetas a la nada
te causaban tristeza, solo daño;
pero al alzar sin venda tu mirada
viste la falsedad de aquel engaño.

Ahora, sin dolor y sin mentiras
puedes, libre, elegir por quién respiras.

NOCHE PERPETUA

Tenía el libro abierto entre sus manos
con la marca en la página de un beso
que al emprender el vuelo quedó impreso,
envuelto en la ilusión de ensueños vanos.

Anhelaba unos labios que, livianos,
libaban de otras flores en exceso,
como un febril insecto que, travieso,
jugaba en los jardines más cercanos.

Y aquel beso cansado de la espera
decidió no volver a aquella boca,
a esa tierra perdida y sin bandera.

Pudiese parecer que se equivoca
al preferir morir de esa manera:
preso de un libro que al amor invoca.

Atracción gravitacional

La música rasgaba el aire denso.
La falda descubría un hondo abismo
que en él produjo anhelo, un fuerte sismo.
Le susurró un ardid, un juego intenso.

La sonrisa de ella fue el incienso
que iba a desatar el paroxismo.
Sus miradas ardieron allí mismo,
al son de un *rock and roll* vibrante y tenso.

Se convirtió aquel ritmo en una danza,
dejando en cada nota la certeza
de un pacto que forjaba una alianza.

Él, tras la barra, ansiaba su tibieza,
esclavo del deseo, sin tardanza,
quería deshojarla en la maleza.

ESTRELLA 2436

Mientras el aire lento se dilata,
sus cuerpos giran en abrazo estrecho,
y el suave roce, casi inadvertido hecho,
enciende en ella instintos de una gata.

Navega en su cuello cual fragata
que encuentra en ese aroma tibio lecho,
aura de sándalo y ansiado trecho
que promete un sabor de fresca nata.

Y entre la música y el baile aflora,
en ambos cuerpos, un deseo mudo
que le eriza la piel bajo el vestido.

Brilla en sus ojos boreal aurora
y surge de su boca un grito agudo
al sentir un edén recién nacido.

Estrella de neutrones

Hoy visité la casa de mi abuela
y descubrí en el fondo de un armario
el viejo costurero con su diario,
envueltos con cuidado en fina tela.

Del hatillo saqué, con gran cautela,
del tesoro encontrado, su rosario,
negro oropel de perlas solitario.
¡Cuántos ruegos y rezos me desvela!

Contenía la caja de madera
dedal, agujas, hilo torzal blanco
y un pequeño jabón de aloe vera.

De soslayo miré el escrito franco,
mas el llanto impidió que lo leyera.
Silbó el viento y la vi junto a mi flanco.

Galaxias en miniatura

Cuando me asomo al verde de tus ojos,
veo universos que no tienen fin;
si me sumerjo en ellos, nada es ruin:
esconden siete vidas; no hay enojos.

Buscas colmar conmigo tus antojos:
usas mis pies de cómodo cojín,
adoras esconderte en mi batín
y también entre mis cabellos rojos.

Te acercas, me suplicas más caricias,
tu cuerpo exige que le dé calor,
y haces uso de todas tus pericias.

¡Ay, Paca! Tu mirada ruega amor.
Al fin cedo y te doy lo que codicias;
tu ronroneo es gesto delator.

Julio al sol

A mi hijo

Parece que fue ayer cuando naciste,
tan pequeño, tan frágil, pura esencia,
amor en frasco de cristal, presencia
que alumbra con su llama cuanto existe.

Mi mano en sujetarte ya no insiste:
hoy trazas tu camino con urgencia
y trae la prisa por crecer tu ausencia,
hálito que es al tiempo dulce y triste.

Mas la vida no para y, suelto el lazo,
abres tus alas para alzar el vuelo
desde el hueco profundo de mi abrazo.

Veinticuatro veranos bajo el cielo
Y, aunque no duermas sobre mi regazo,
recuerdo cada paso y cada anhelo.

Ojo en el cielo

El brillo se ha ausentado de tus ojos,
veo melancolía en tus gestos
y en tus silencios puedo adivinar
esta tristeza que hoy sobre ti anida.

Mi niña grande, luna sin su estrella,
miro tu calma y sé lo que te aflige,
sé de tus penas, sé lo que no nombras
y que te acechan grises nubarrones.

Arranca malas hierbas del jardín,
persigue en cada aurora una razón
y nuevas ilusiones en el aire;

volverá a ser canción tu fresca risa
cuando, brava, retomes tu camino:
el sol naciente habita en tu regazo.

María siembra estrellas

Aunque el sol no ha salido, está despierta.
Con el cuerpo aterido, aviva el fuego
porque aún duermen los niños y el esposo.
Prepara el pan del día, taciturna.

Acarician sus manos campesinas
el vientre, florecido una vez más,
mientras ve amanecer por la ventana
y el danzar de las mieses con el viento.

El trillo es su carroza de princesa
y la azada, su cetro soberano.
La paja de un sombrero, la corona.

Alumbró hijos, recogió el maíz,
pero ella no es la dueña. Nada es suyo,
ni la casa, ni el campo, ni los hijos.

LUNA ROJA

Fueron las reprimidas emociones
las que a la rabia condenó su vida,
haciendo naufragar sus sentimientos,
que pronto derivaron hacia el pánico.

Ya no se reconoce en el espejo,
no es suya esa imagen que refleja,
pues la otra mujer nació del miedo
al golpe y al insulto: mal amor.

Ni eran propias las culpas que arrastraba,
ni todos los fracasos ni rencores,
pero sí el odio frío y oscilante
que cada humillación hizo crecer.

Y suyas son las manos que sangrientas
han roto las cadenas invisibles.

La náyade de Piscis

A Inés, «Bizcochito»

Irrumpiste en mi vida como un canto,
Ninfa con luz, hechizo que cautiva,
Ébano y nácar, fuente de agua viva,
Susurro de la luna fue tu llanto.

El aura de tu signo es limpio manto
que te abraza en su espuma fugitiva;
espíritu de mar, sirena esquiva
que nada hacia horizontes de amaranto.

De fuego y tierra, agua deseada;
sin nombre aún, mas eras ya presencia,
carne incipiente, hija bien amada.

Hoy eres norte y sur en mi existencia,
manantial que refresca. Eres hada,
mi niña, tierna Inés, primera esencia.

Paula en Géminis

Se adivina en tus ojos el descaro,
tu mente ágil vuela sin fronteras,
curiosa el alma explora primaveras
y descubre la vida sin reparo.

Tu risa nace pura. Como faro
alumbras con palabras verdaderas:
laten desde tu pecho tan sinceras
que libres vuelan tras el gesto claro.

Encierra tu carácter fuego y sueños
que al danzar en dos mundos se separan:
luz germinada y noche que trae sombras.

Afrontas sin temor nuevos empeños
y las dificultades no te paran:
ya no escondes tus miedos bajo alfombras.

TRÁNSITOS

Cada átomo de nuestro cuerpo
proviene de antiguos procesos estelares.
Somos literalmente hijos de las estrellas.

Carl Sagan

Eos

Se vuelve a disipar la noche oscura,
viva imagen de un cuadro impresionista,
donde se van pintando los colores
con que crear un nuevo amanecer.

Se ve cómo la luz se extiende lenta
sobre el negro tapiz del firmamento:
anaranjados y espectrales tonos
se besan con el gris crepuscular.

Veo en el horizonte resurgir
del vientre azul del mar, nocturna madre,
ese Sol que promete en la mañana

otra oportunidad, un nuevo inicio,
con la esperanza de que cada aurora
regale un lienzo en blanco que pintar.

AURAS

Se cubre la mañana de una niebla
que ha escondido al paisaje con su velo.
No permite que emerjan los colores
que tras la bruma cenicienta duermen.

Indefinidas formas se perciben,
siluetas con aspecto fantasmal
veladas por el gris de la cortina;
imágenes difusas e ilusorias.

Abandonan su encierro transparente
lúgubres, lentos rostros gaseosos
que al son de la luz se desmoronan.

Desde los impasibles humedales
veo ascender el agua evaporada
como una danza de ánimas que huyen.

Lirio de luna

Cae la lluvia en el parque desolado,
hoy convertido en páramo vacío
que llora su abandono y el hastío
al que triste se entrega resignado.

Bajo un manto de brumas apagado,
las gotas se condensan en un río.
Rápidas sombras huyen del cruel frío,
visten de ausencia el pavimento ahogado.

Por una grieta, desde lo profundo,
se asoma allí en el agua, sigiloso,
el germen que da vida a un nuevo mundo.

Brota en el barro un tallo tembloroso,
un lirio que entre charcos, moribundo,
reta al mal tiempo, altivo y orgulloso.

ALQUIMIAS

Le van brotando al corazón espinas
con cada desengaño y decepción,
afilados esquejes de amargura
que crecen en su carne apaleada.

Bajo su piel, que aún resguarda lumbre,
las huellas de las penas se acumulan
y, así, lo cubren de su amarga savia
secretas cicatrices de la vida.

Púas y llamas si las tocas hieren,
mas de la herida nace flor de espino
que lleva en sus estambres más semillas.

Que todo lo que duele se transforma:
la débil brasa vuelve a ser hoguera
y las espinas, pétalos de luz.

LUMEN

Las noches fueron largas, sin estrella,
y los días vacíos, sin consuelo.
El ánimo yacía a ras del suelo
y el peso de las horas hizo mella.

Cada lucha grabó en la piel su huella,
pero el alma, en su pena y su desvelo,
superó con valor su amargo duelo
y brotó como flor que más destella.

Aprendió que a través de la experiencia
se equilibra la vida en la balanza
del sueño, la verdad y la conciencia.

Aquel dolor pasado fue enseñanza,
un faro que encendió la resiliencia,
un giro hacia la aurora y la esperanza.

ÍDOLOS EFÍMEROS

En el extenso e inhóspito universo
no somos más que un breve resplandor,
la obra de un anónimo creador,
tal vez los títeres de un plan perverso.

El desenlace nos parece adverso
y le ponemos al vivir fervor,
mas nos domina el ego, grave error,
que no permite ver nuestro reverso.

Cruzamos como un rápido cometa
sin entender que estamos de prestado,
que sin pensarlo estamos en la meta.

Necios dioses, qué poco es lo logrado:
aún tenemos vacía la maleta
cuando el Barquero llega a nuestro lado.

Alas de cisne[1*]

Sobre un lecho de tierra están durmiendo
arropados por suaves plumas blancas.
Ella tiene apoyada en su regazo,
inerte, la cabeza gris del hijo

y entre sus brazos descarnados, secos,
reposa el cuerpecillo vulnerado.
El niño no se mueve, nunca llora
ni por hambre ni sed. No tiene miedo.

Su madre le protege con sus besos,
mientras despacio entona aquella nana
que nunca cantará junto a la cuna.

Un cisne ante la tumba conmovido
les ofrece sus alas que los llevan
hacia una luz que ya no ven los ojos.

1* Inspirado en el descubrimiento arqueológico en Vedbaek, Dinamarca, donde se halló a una mujer enterrada junto con su hijo prematuro, seguramente ambos muertos durante el parto. El bebé fue arropado por el ala de un cisne, quizás como símbolo de pureza.

Estrellas fugaces

Los años van pasando sin querer
y con ellos veloz corre la vida,
se escapa sin que nada nos lo impida;
todo cuanto vivimos ya es ayer.

Nos ancla a este vivir un alfiler
sin hilo que sostenga la caída
cuando llegue la Parca decidida
y el tiempo nos deniegue su poder.

La muerte echa los dados con frialdad:
da igual si está incumplida tu labor
o si en algún lugar alguien te espera.

Vendrá a buscarte, no tendrá piedad,
al apagarse el último fulgor,
llevándote a la luz de otra ribera.

CENIZA DE COMETAS

El tiempo nos despoja sutilmente
de aquella luz que un día fue fulgor,
aunque el ayer murmura aún su música
y hasta nosotros llega con sordina.

La piel es pergamino que atesora
el mapa de los años transitados,
sendas por donde la memoria vuelve
para buscar en ellas lo que fue.

En cada marca encuentro una sonrisa,
un pesar, un mohín, alguna lágrima
que se quedó en el rostro señalada.

Y no hay consuelo en esta lenta entrega
si no es mirar la vida agradecidos
por todo lo que el tiempo ha regalado.

Ocaso sereno

Camino incierto de invisible umbral
que cruzamos sin pausa, atolondrados,
por falsos ideales deslumbrados,
sin pensar en que siempre hay un final.

Nos impulsan —falaz motor vital—
deseos baladís que, desatados,
agitan corazones despistados
y agrietan la razón como un cristal.

Mas, cuando vuelva al fin la lucidez,
de su mano traerá una nueva calma
que amainará las olas de la mar.

Descubriremos, ya en la madurez,
cuán poco es lo que precisa el alma
para el sendero que queda por andar.

TRÁNSITO

Ya te cubre la tierra con su manto,
ya te envuelve el aroma a *petricor*;
aunque está todo oscuro alrededor
escuchas de los pájaros el canto.

Ya eres libre, dejaste atrás el llanto,
y ese cuerpo, prisión de tu dolor,
renacerá como una hermosa flor
para adornar el frío camposanto.

Se han roto las cadenas, ya no hay broche
que te una a este existir. Tu soledad
es germen de otra vida sin reproche.

El tiempo ya no corre sin piedad.
Viajarás con el viento de la noche
y del mar sentirás su inmensidad.

LUNA ERRANTE

La luna se mueve lentamente, pero cruza la noche entera.
PROVERBIO AFRICANO (ANÓNIMO)

Si el dolor no se cura, hay que convertirlo en arte.
ANAÏS NIN

Las nubes

Las nubes, otra vez, cubren el cielo,
tan oscuras y densas como lodo.
Me traen a la memoria algún recuerdo,
que ahora es una losa en mi pasado.

Hoy me pesa como esos nubarrones
que no dejan entrar ninguna luz
ni dejan que la niebla de mis dudas
encuentre una grieta de salida.

¿Cómo alejar cerrados pensamientos
y desprenderme de esta incertidumbre
que corroe las bases de mi fe?

Llegó la desconfianza y se ha sentado
en un rincón pequeño de mi mente
y reina sobre el gris de la mañana.

LLUVIA SECRETA

El día amaneció sin luz, lluvioso,
cubierto por un cielo gris plomizo
del que a veces desliza escurridizo
algún rayo de sol, tal vez miedoso.

Aunque se finja triste y tenebroso
es bello el mar con su matiz cenizo;
bellos los arrozales y el cañizo
sin su color vivaz y luminoso.

Nubes henchidas lloran hoy serenas
sobre la tierra, que con ansia aguarda
a que el agua se filtre entre sus venas.

Me acercan la nostalgia y me acobarda
que resuciten, con su vuelta, penas
de días grises que el pasado guarda.

Cielos negros

En las noches que anduvo más perdida,
con el alma cansada y contra el suelo,
su deseo era encontrar algún consuelo
en alguna caricia mal fingida.

Labios pensando solo en la partida,
en quemar el momento, en ver el cielo.
La llama del deseo era el anzuelo,
mentira de un instante, y luego huida.

Se aferraba a los besos más ardientes
y a susurros carentes de verdad
que se volvían con la luz hirientes.

Solo el sueño calmaba la ansiedad
que perforaba el pecho. Allí, latentes,
se escondían dolor y soledad.

Noches sin huella

El día se ha escapado imperceptible,
envuelto entre papeles y llamadas,
igual que casi todas las jornadas:
sin sobresaltos, plano y predecible.

Se ha escurrido entre las horas, invisible,
sin flores ni palabras delicadas,
sin el mágico roce de las hadas:
hoy no ha estado ninguna disponible.

En casa, con la noche en nuestros hombros,
el cansancio tampoco nos perdona
y solo recogemos los escombros

que el día en nuestros cuerpos amontona.
Ya en la cama, tampoco hay más asombros
y nuevamente el sueño me abandona.

En tierras de Nod

No hay errores. Solo hay actos extraños
Marguerite Duras

Dormían sentimientos acallados
que estaban despertando sin aviso
y emociones ocultas en la piel
temblaban al rozar ciertos recuerdos.

A veces el pasado se imponía
sin encontrar razones ni certezas
para abrirle las puertas al amor
y dejar que las sombras se esfumasen.

Pero el tiempo lo cura casi todo
y disuelve temores sin sentido.
Se nos vacía de dolor el alma

y en los huecos que va dejando afloran,
como tímidos brotes que germinan,
puras e inesperadas extrañezas.

Nebulosa de verano

Las mañanas de junio no son grises,
pero este año visten de ese tono
porque quizá la luz se ha rezagado
o se ha dormido sobre alguna flor.

No es el sol quien incumple su promesa
ni el viento de levante se ha perdido,
sino que un velo cubre mi mirada
y un soplo frío corre entre mis horas.

Es memoria de un tiempo que se fue,
la huella de un silencio que aún me habita,
la herencia de una pena que regresa.

Y así, esas horas lentas me acompañan
mientras que junio sigue siendo gris
cuando agito los posos del recuerdo.

VIGILIA

Ella aguardaba tras el ventanal,
de pie, viendo el transcurso de las horas,
con la mirada puesta en el camino
y un anhelo impaciente a flor de piel.

El teléfono cerca y al alcance,
por si aún recibía la llamada,
pero el tiempo pasaba inconmovible
y la tarde se iba deslizando.

Otra vez volvería a estar a solas.
La casa, silenciosa y en penumbra,
era testigo mudo del despecho

y del dolor amargo que sentía.
Abandonado en brazos de otro amor,
él bebería el néctar de otros labios.

Oscuridad

Cada mañana, el alba gris se cuela
e inicia su rutina un café amargo.
Las plantas son testigos de su tedio
y el verderol, de su alegría ausente.

Oculta el alma herida con la ropa,
como triste disfraz de su esperanza.
El corazón es ave de cristal
que se quebró hace años en su pecho.

Hoy la quietud se torna en despedida.
Crece en la sombra un manto que lo envuelve
y el anhelo de un sueño sin retorno.

Silba el último tren en la estación,
promesa de un viaje hacia la nada.
No hay luz que venza la profunda noche.

SOLSTICIOS
Y EQUINOCCIOS

*En medio del invierno descubrí que había,
dentro de mí, un verano invencible.*

ALBERT CAMUS

Y todos los soles, todos los mares, están dentro de ti.

ANÓNIMO

Viaje estelar

Se iluminan los verdes arrozales
bajo el naciente sol que se despierta,
y el arrebol del cielo nos alerta
que un nuevo amanecer entra a raudales.

Va bañando la luz los naranjales
y desvela el secreto de la huerta,
que, aún, en esta hora está desierta
sin las manos que cuidan los frutales.

Se balancea tímido el carrizo,
movido por la brisa en la mañana,
altivo y orgulloso bajo el rizo

de nubes que se tiñen de oro y grana.
Sobre el paisaje, rápida, deslizo
mi vista desde el tren por la ventana.

ITINERARIO

Acabo de subirme al tren y llueve.
Frías gotas golpean la ventana
y al deslizarse forman con desgana
un trazo diagonal que se remueve.

Es como una serpiente estrecha y leve,
de trémulo reptar, que allí se afana
en ir hacia la esquina más lejana.
Será tan solo de ida: viaje breve.

Algunas gotas unen su camino
como afluentes de un río imaginario
al que empujara el viento en el cristal.

Es simple e inevitable su destino:
seguirán hacia el suelo en solitario
convirtiendo la tierra en barrizal.

El mar, el cielo

Posada en tu regazo sosegado,
me dejo adormecer por tus vaivenes.
La espuma de tus olas en mis sienes
reconforta mi espíritu gastado.

En tu seno insondable, mar amado,
nada soy, pues el tiempo lo detienes.
Me abandono servil a tus desdenes,
hoy, que tu corazón está calmado.

Inmersa en la lujuria de tu abrazo,
son tus besos de sal en mi semblante
lo que me anuda a ti con fuerte lazo,

vínculo invisible que es constante.
Solo en el horizonte un fino trazo
soy en tu lecho azul, mi mar amante.

Migración

Regresa, poco a poco, el viejo otoño,
bajo un manto de grises que lo anuncian
y caricias de un sol que ya flaquea
tras un verano ardiente que se extingue.

Me sumerjo en su aroma a tierra y lluvia,
en la luz decadente de sus tardes
y en sus crepúsculos que laten íntimos
entre el ámbar de luz que va muriendo.

Aves, en lo alto, trazan sus distancias,
parten hacia horizontes más serenos
en busca de otro rey que las cobije.

Prosiguen, persistentes, sus caminos,
lejos del frío ciclo y su tristeza,
hacia un rincón donde empezar de nuevo.

El sol en Libra

Cada hoja es una flor
Albert Camus

Septiembre se marchó. Se ha despedido
con un viento que anuncia el lento ocaso.
Mientras, el nuevo otoño se abre paso
y entre gotas de lluvia se ha escondido.

Como un ladrón entró sin hacer ruido;
con sigilo, a hurtadillas, por si acaso
regresaba el verano. Sobre el raso,
irá bordando de oro su vestido.

Bañan el parque cálidos colores
y desnuda se queda la arboleda
desprovista de efímeros fulgores.

Melancólico el ánimo se enreda.
Cambia la luz. Dejó de oler a flores.
Ocres hojas tapizan la vereda.

Sagitario llama a la puerta

Despuntó el día pálido y helado.
Hoy regresa Perséfone con Hades
y se cubre la tierra de frialdades
que la triste Deméter ha sembrado.

El horizonte amaneció escarchado
con túnica que oculta las beldades.
Presurosos se van los tonos jades,
de todo se adueñó un blancor perlado.

Copos de flores mágicas de hielo
recubren campos de sutil cristal
que codiciosos roban luz al cielo.

Se extiende indiferente albino chal,
mas bajo su pesado y frío velo
latente espera la estación vital.

La dama

Surges en blanco nácar, vacilante,
como novia camino del altar.
Te adornas con un ramo de azahar
que despliega una estela fulgurante.

Iluminas con luz clara el instante
que conjura una noche en la que amar,
y es tu influjo tan fuerte que hasta el mar
se alza para rozar tu albo semblante.

Sentada en el nocturno firmamento
finges que nos observas divertida,
pero lloras, te invade el sufrimiento

por la triste sentencia recibida:
ver a tu amado Sol, solo un momento,
eterna soledad de despedida.

ATLAS DE TU BOCA

Es en silencio que la piel reclama
un verso sin palabra, el tibio roce
que hace prender una secreta hoguera
con la chispa que esconde cada labio.

Dado en la frente es gesto de ternura,
promesa de un cariño que persiste,
la calma que en la noche de inquietud
nos lleva con su tacto al sueño dulce.

Habrá, en el arte de juntar dos bocas,
una historia a escribir sobre los cuerpos;
papel con trazos de invisible tinta

donde abrir universos de emociones,
esencia concentrada del amor,
besos y espuma, suavidad y fuego.

Genista Scorpius

Sobre la tierra se alza, casi exánime
bajo el sol apagado del invierno.
Mas, del negruzco y retorcido tallo,
arden astros de pétalos altivos.

Vibra el áureo matiz de las corolas
sobre las zarzas, y su intensa luz
resplandece entre puntas incisivas
que se vuelven dulzura delicada.

Estalla en el paisaje el amarillo
que se apodera del albor del cielo,
alquimia donde el suelo se hace oro.

Y cada flor es grito reclamando
su efímero fulgor, su breve instante
mientras dure su paso por la vida.

ÍNDICE

Signos de agua y vida

Constelaciones

Tránsitos

TÍTULOS DE LA COLECCIÓN